Gutes Benehmen ist hüpfeleicht

Eine Geschichte von Christine Merz
mit Bildern von Betina Gotzen-Beek

KeRLE
bei Herder

Max und Leonie treffen sich zum Spielen im Hof.
„Tante Elsie kommt uns bald besuchen", erzählt Leonie.
„Sie ist eine Lehrerin. Wenn ich mich bei ihrem Besuch ordentlich benehme, kriege ich von meiner Mama eine Überraschung."
Das findet Max toll. „Wir können ja zusammen üben", sagt er.
„Am besten fragen wir meine Oma, wie gutes Benehmen geht.
Die kennt sich aus!"

Oma Meier zieht die Stirn kraus und überlegt: „Da fangen wir am besten mit dem Grüßen an. Früher mussten die Mädchen zur Begrüßung einen Knicks machen und die Jungen eine Verbeugung!" Leonie kichert und probiert einen Knicks. „Heute brauchen Kinder nur noch laut ‚Guten Tag' zu sagen und dabei den anderen möglichst freundlich anzusehen! Außerdem könnt ihr dem Besucher auch die Hand schütteln." „Ich möchte aber nicht jedem die Hand geben!", sagt Max. „Und auf gar keinen Fall küssen!", fügt Leonie schnell hinzu.
„Müsst ihr auch nicht!", sagt Oma Meier. „Das machen Erwachsene auch nur dann, wenn sie den anderen Menschen besonders gerne mögen!"

Auf Wiedersehen, Herr Sahnetorte!
Guten Tag, Frau Zwieback!

Es tut mir Leid, Anna. Komm, wir bauen den Turm zusammen wieder auf.

„Das Wichtigste für uns alle ist, dass wir freundlich miteinander umgehen, dann wird das Leben viel leichter!", sagt Oma Meier. „Die Zauberworte **Bitte** und **Danke**, die kennt ihr ja. Wie ist es aber, wenn man etwas gemacht oder gesagt hat, was nicht in Ordnung war?"
Leonie versteht sofort: „Wenn ich den blöden Bauklotzturm von meiner Schwester Anna umgeschmissen habe, weil sie ihn neben meine Zimmertür gebaut hat!"
„Dann solltest du dich entschuldigen", erklärt Oma Meier.
„Ach was", meint Leonie. „Der bau ich den Turm einfach schnell wieder auf."
Das lässt Oma Meier nicht gelten: „Auch bei kleinen Schwestern gilt: Wer Unrecht getan hat, sollte sich auf jeden Fall entschuldigen."

„Jetzt kommen wir zu den Tischsitten!", sagt Oma Meier.
Leonie verdreht die Augen: „Ich weiß schon, ich darf beim Essen kein Buch anschauen."
„Stimmt", sagt Oma Meier. „Essen ist eine gemeinsame Sache, da liest man nicht nebenher. Aber das gute Benehmen fängt früher an, nämlich vor dem Essen."
„Ja, beim Händewaschen", sagt Max, „weil der ganze Dreck vom Kindergarten noch an den Fingern klebt."
Oma Meier nickt. „Und wenn ihr euch ziemlich schmutzig gemacht habt, solltet ihr vielleicht etwas Sauberes anziehen!"

Waschen sollten wir uns auch, sonst gibt es bunte Nudeln!

„Und wie geht es dann weiter, wenn alle
sauber auf ihrem Platz sitzen?“,
fragt Oma Meier.
„Dann gibt es Reisbrei mit Kirschkompott!“,
sagt Max.
„Igitt, das schmeckt ja grässlich!“,
findet Leonie.
Oma Meier schüttelt den Kopf: „Meckern
ist nicht erlaubt! Wer gekocht hat,
hat sich schließlich Mühe gegeben. Aber
jeder darf die Menge selbst bestimmen
und isst dann einfach weniger, wenn er eine
Speise nicht mag.“

Du isst Kirschen mit Brei, ich ess lieber Brei mit Kirschen!

„Und auf was müsst ihr beim Essen achten?", fragt Oma Meier.
„Nicht schmatzen!", sagt Max.
„Und nicht schlürfen! Aber das geht sowieso nur bei Suppe!" Leonie weiß auch etwas: „Nicht die Arme auf den Tisch legen oder sich hinlümmeln!"
„Und wenn man den Mund voll mit Essen hat, dann muss man ihn zu lassen und darf nicht sprechen."
„Ihr wisst ja schon richtig viel!", lobt Oma Meier.

Ich zeig dir mal, wie man es nicht machen soll!

Alle fertig?
Dann heben wir jetzt
die Tafel auf!

„Meistens muss ich während des Essens aufs Klo!", sagt Max.
„Das ist ganz schlecht!", sagt Oma Meier. „Du solltest vorher beim Händewaschen daran denken. Man fängt das Essen gemeinsam an und möglichst keiner rennt dabei weg. Das ist sonst sehr ungemütlich. Erst wenn alle fertig sind, ist Aufstehen erlaubt. Man sagte früher: Die Tafel wird aufgehoben!"

In diesem Augenblick muss Oma Meier niesen. Sie zieht aus ihrer Tasche ein Taschentuch und putzt sich die Nase. „Gut, dass ich gerade niesen musste!", sagt sie. „Das hätte ich sonst vergessen: Zum guten Benehmen gehört auch, dass man die Hand vor den Mund hält, wenn man gähnt oder hustet. Und wenn man niesen muss,

sollte man sich die Nase putzen."
„Was ist, wenn sie läuft?", fragt Max.
„Hochziehen", sagt Leonie, aber Oma
Meier zeigt nur auf das Taschentuch.

„Ja, und dann", sagt Oma Meier, „sind da noch die Fingernägel! Die solltet ihr euch nicht in der Öffentlichkeit oder am Tisch putzen. Der Kamm und die Bürste liegen im Bad, damit sich alle nur dort die Haare kämmen oder bürsten, und nicht etwa in der Küche oder am Esstisch!"
„Aber mein Papa hat immer einen Kamm in seiner Jackentasche!", widerspricht Leonie. Max kennt sich aus: „Er will halt immer schön sein. Sag ihm, dass er zum Kämmen ins Bad gehen muss!"

„So", sagt Oma Meier, „und jetzt gibt es nur noch eines und das ist das Schwerste ..." „Ich weiß, ich weiß", ruft Leonie dazwischen, „nicht einfach drauflosreden, sondern immer warten, bis der andere mit Reden fertig ist!" „Ziemlich schwer", lacht Max, „genau das hast du gerade gemacht!"

Oma Meier nimmt Leonie in Schutz: „Das muss man lange üben – Zuhören und Ausredenlassen können selbst viele Erwachsene nicht gut. Zuhörenkönnen ist eine richtige Kunst!"

„Ich weiß noch was, was man nicht soll!", fällt Max ein: „Schimpfwörter rumbrüllen!" Oma Meier lacht. „Stimmt – das Schwere ist nur, dass hässliche Wörter manchmal einfach rauswollen. Aber stellt euch vor, ein Kind nennt seine Mutter in der Straßenbahn vor allen Leuten eine blöde Kuh!"

„Heute Mittag ist es so weit!", sagt Leonie zu Max auf dem Weg zum Kindergarten. „Tante Elsie kommt. Was war das Wichtigste beim Benehmen?" „Händewaschen", sagt Max, „und nicht in der Nase popeln."

Im Kindergarten ist ein Verkehrspolizist, der den Kindern erzählt, wie sie über die Straße gehen sollen. Der Polizist ist nett, aber Max und Leonie beobachten genau, dass er beim Erzählen im Stuhlkreis an seinen Fingernägeln herumputzt.

Ich sag's ihm nachher!
Ob der Polizist nicht weiß, wie man sich gut benimmt?
POLIZEI

Tante Elsie ist eine runde, lustige Person, die gern laut lacht und Leonie sofort in den Arm nimmt und drückt. Leonie kommt gar nicht dazu, ‚Guten Tag' zu sagen und sie dabei anzusehen. Aber sie wäscht sich ihre Hände vor dem Essen, kämmt sich nicht am Esstisch, sitzt gerade, sagt kein schlimmes Wort und bohrt nicht in der Nase. Leonie weiß nicht, ob Tante Elsie das alles überhaupt bemerkt. Aber Mama ist sehr zufrieden mit ihr.
„Du hast dich wirklich sehr gut benommen!", lobt Mama Leonie.
„Zur Belohnung gehen wir am Sonntag zusammen in den Zoo!"

Und
bohren
Guck mal, wie sich die Affenmutter laust!

Max darf auch mit in den Zoo. Er sieht sich Tante Elsie lange an. Dann sagt er: „Nur wegen dir haben wir das ganze gute Benehmen gelernt!" Da lacht Tante Elsie ganz laut und verspricht den beiden ein großes Eis. Leonie aber boxt Max in die Seite und flüstert: „Und dabei hat es uns ja Spaß gemacht!"